AF226056

Schöner Kleiner Stern

Geschrieben von Sylva Nnaekpe

Meine Geburt hat Glück,

Freude und Lachen geführt.

Es war der schönsten Anblick,

zu sehen.

Ich habe die schönsten

Eigenschaften: Haare,

Augen, Nase, Ohren, Zähne und

Mund-genau wie die meisten

anderen Menschen.

Mein Herz ist voller Mitgefühl,

Liebe und Pflege.

Ich habe einen Verstand,

den ich selbst

nenne meine eigene.

**Ich bin ein freier Geist-der,
in der Lage ist und bereit ist,
neue Dinge zu lernen und
zu erkunden.**

Blut läuft in meinen Adern,

und ich gehe durch die

gleicher prozess von

wachstum und entwicklung wie

meisten anderen kinder.
Ich lerne, zu kriechen,
zum reden, sitzen, stehen,
zu laufen, wie viele der kinder,

das ich treffe.

Ich genieße die
Geschenke von Leben-Luft,
Wasser, Essen, Getränk,
sonnenlicht, die Sterne,
den Sand, und die
Jahreszeiten-genau wie alle
anderen.

Ich habe viel Energie.

Ich bin bekleidet,

um die Jahreszeiten

zu passen, und ich bin

ein cooles Kind.

Ich bin umgeben von Menschen,

die mich pflegen

und sehen wollen,

dass ich gut bin.

Ich werde wachsen,

um zu sein, was ich will

und wählen, mit der Hilfe

und Unterstützung der

Menschen,

die mich lieben, sich um mich

kümmern und um mich herum

sind.

Ich bin geliebt, und

es ist mir wichtig.

Manche Dinge könnten

versuchen,uns auseinander

zu reißen,aber ich bin

zuversichtlich,dass wir

zusammen die Welt besser

machen können, als es jetzt ist.

Mein Name ist Ivry.

Ich bin schön,

und

du auch.